Chanteur, écrivain : même cirque

théâtre deux femmes deux hommes

Du même auteur*

Certaines œuvres sont connues sous différents titres.

Romans

Le Roman de la Révolution Numérique
La Faute à Souchon : (Le roman du show-biz et de la sagesse)
Quand les familles sans toit sont entrées dans les maisons fermées
Liberté j'ignorais tant de Toi (Libertés d'avant l'an 2000)
Viré, viré, viré, même viré du Rmi !
Ils ne sont pas intervenus (Peut-être un roman autobiographique)

Théâtre

Neuf femmes et la star
Les secrets de maître Pierre, notaire de campagne
Ça magouille aux assurances
Chanteur, écrivain : même cirque
Deux sœurs et un contrôle fiscal
Amour, sud et chansons
Pourquoi est-il venu ?
Aventures d'écrivains régionaux
Avant les élections présidentielles
Scènes de campagne, scènes du Quercy
Blaise Pascal serait webmaster
Trois femmes et un Amour
J'avais 25 ans
« Révélations » sur « les apparitions d'Astaffort » Jacques Brel / Francis Cabrel

Théâtre pour troupes d'enfants

La fille aux 200 doudous
Les filles en profitent
Révélations sur la disparition du père Noël
Le lion l'autruche et le renard,
Mertilou prépare l'été
Nous n'irons plus au restaurant

* extrait du catalogue, voir page 38

Stéphane Ternoise

Chanteur, écrivain : même cirque

théâtre deux femmes deux hommes

Jean-Luc PETIT Editeur / livrepapier.com

Stéphane Ternoise versant dramaturge :

http://www.dramaturge.fr

Tout simplement et logiquement !

ISBN 9782365414517
EAN 978-2-36541-451-7

Tous droits de traduction, de reproduction, d'utilisation, d'interprétation et d'adaptation réservés pour tous pays, pour toutes planètes, pour tous univers.

Site officiel : http://www.ecrivain.pro

© **Jean-Luc PETIT - BP 17 - 46800 Montcuq – France**

Stéphane Ternoise

Chanteur, écrivain : même cirque

théâtre deux femmes deux hommes

Chanteur, écrivain : même cirque

Comédie contemporaine en trois actes

Distribution : Deux femmes, deux hommes

Sujet : un chanteur et un écrivain, en échec créatif et professionnel, et leur compagne.

Décor : le salon ; correctement tenu et meublé ; porte d'entrée et porte vers la cuisine ; un canapé, des chaises.

Le chanteur
Chantal : sa compagne.
L'écrivain
Elodie : sa compagne.

Ont entre 25 et 30 ans à l'acte 1.

Figeac
Vitrail de Joseph Villiet

Acte 1

Le chanteur et l'écrivain, assis dans le canapé. Deux bières vides sur la table basse et deux seront finies durant l'acte. Conversation entre amis comme ils ont pu déjà en avoir des centaines.

Le chanteur : - Regarde, Gouriot, il a passé des années dans les bistrots, il a écouté, il s'est contenté de faire le tri, de mettre en forme et ça c'est vendu comme des petits pains, ses *brèves de comptoir*. Si tu veux vraiment être reconnu, compter dans ce milieu, il faut que tu trouves un sujet en béton et le proposer à un bon éditeur qui te lancera du tonnerre.
L'écrivain, *un temps puis en souriant* : - Le plus difficile, tout le monde le sait, c'est le sujet. Mais toi, si tu veux vraiment être Le chanteur top référence, il faut que tu trouves un créneau porteur, original. Souviens-toi de Cabrel arrivant à la télé en galoches, dans son costume de gascon attardé et devenant ainsi le nouveau petit prince du « nouveau romantisme. » Quand tu es connu, tu fais ce que tu veux mais avant faut bien leur donner ce qu'ils attendent.
Le chanteur : - Vaudrait peut-être mieux changer de pays !
L'écrivain : - Si les belges et les suisses viennent en France, chez eux ça doit pas être plus facile.
Le chanteur : - Le problème, c'est que maintenant si tu n'as pas des parents connus, il faut que tu en fasses dix fois plus que les autres pour être remarqué, dans ce pays.
L'écrivain : - On est dans le même bateau. C'est pareil dans la littérature.
Le chanteur : - Et il est trop tard pour se mettre au chinois, sinon on pourrait peut-être devenir les premières stars françaises là-bas.

L'écrivain : - Je peux toujours chercher une traductrice…
Le chanteur : - On ne s'en sortira jamais si tu racontes des conneries. Il faut être une star avant d'être traduit.
L'écrivain : - Tu l'as dit toi-même, il faut trouver un bon créneau, et ces choses-là, ça vient souvent en déconnant. Gouriot, tu crois pas que c'est durant un cours de philosophie qu'il a eu son idée géniale à la con !
Le chanteur : - Tu as écrit quoi ce matin ?
L'écrivain : - Une nouvelle.
Le chanteur : - Tu veux dire un roman, le début d'un petit roman dont tu sais déjà qu'après vingt pages tu vas l'abandonner, donc lui trouver une conclusion en queue de poisson.
L'écrivain : - Tu es gonflé parfois, toi qui ne dépasses jamais trois couplets un refrain.
Le chanteur : - C'est la loi du genre.
L'écrivain : - Léo Ferré faisait parfois trois pages.
Le chanteur : - Mais il est mort ! Plus de voix, Ferré ! Vive le chanteur du futur ! (*il boit une gorgée de bière*) Alors, ta nouvelle ?
L'écrivain : - Je crois que c'est la première d'une longue série. Publier un recueil de nouvelles, ça vous place un écrivain.
Le chanteur : - Tu sais bien, ça ne se vend pas.
L'écrivain : - Le succès d'estime, quelques bons papiers, tu sais bien qu'à Brive j'ai enfin sympathisé avec notre grand chroniqueur des recueils de nouvelles. Le dossier de presse est souvent aussi important que le contenu.
Le chanteur : - C'est sûr, quand on a une bonne entrée, il faut en profiter.
L'écrivain : - En plus, maintenant, avec tout le fric qu'il y a dans le cinéma, ils sont tous à la recherche d'idées. Il suffit d'un bon papier, je l'envoie aux réalisateurs et c'est le début d'une grande carrière. Je pourrais alors aussi

placer des petits textes dans les magazines, tu sais que ça paye bien, ce truc.
Le chanteur : - Alors, elle raconte quoi, ta nouvelle ?
L'écrivain : - L'histoire de docteur Joker mister Kanter.
Le chanteur : - Un remake de docteur Jekyll mister Hyde.
L'écrivain : - On ne peut rien te cacher !
Le chanteur : - Joker, le jus de fruit et Kanter la bière.
L'écrivain : - Bien !
Le chanteur : - Vaste programme... Un mec au jus de fruit devant sa famille, à la Kanter quand il s'échappe...
L'écrivain : - Comment tu as deviné ?
Le chanteur : - Tu ne te souviens plus, sûrement, un soir au bistrot, en (*souriant*) « tournée », quand j'avais signé un contrat avec les MJC de Lille, Roubaix, Dunkerque, Douai, Arras et que tu m'avais accompagné comme « manager », tu m'as balancé : « t'es vraiment docteur Joker mister Kanter. »
L'écrivain : - Alors... Alors tu crois que j'écris parfois ce que j'ai raconté bourré !
Le chanteur : - Tu serais pas le premier.
L'écrivain : - Faut quand même faire gaffe ! On pourrait me chiper mes bonnes idées.

> *Entrée, sans frapper, de la compagne de l'écrivain, Elodie. Enthousiaste (on sent qu'elle se force un peu). Elle accroche sa veste à un portemanteau.*

Elodie : - Salut les hommes !
Le chanteur : - Salut Sainte Elodie Nelson !
L'écrivain : - Salut femme du grand écrivain méconnu !
Elodie, *un instant sombre* : - Tu as reçu une réponse négative ?
L'écrivain : - Rien, toujours rien. Trois mois et dix jours. Alors qu'ils m'avaient tous dit « Je l'attends avec impatience. »

Elodie : - J'en suis certaine, *la Poste* a tout perdu.

L'écrivain : - Tu crois qu'il faut vraiment refaire 6000 photocopies ?

Le chanteur : - On devrait s'acheter une photocopieuse, en couleur. Moi aussi ça me servirait. Mes affiches sont trop artisanales. Même Pierrot me l'a balancé.

L'écrivain : - Tu sais bien que ça vaut une fortune.

Le chanteur : - Pour ton anniversaire ! Ou alors faudra la demander à une mère Noël !

L'écrivain : - J'aurais pourtant mis ma main à couper que j'aurais au moins trois réponses téléphoniques. C'aurait vraiment été classe de pouvoir estomaquer les journalistes avec « le lendemain, trois éditeurs m'appelaient, enthousiastes… »

Elodie : - Tu sais bien que tout ça ce sont des histoires. Tu sais bien qu'un écrivain invente ce qu'il veut pour sa promo, et surtout ce qu'il pense le plus intéressant. Certains s'inventent même deux cents refus avant le premier manuscrit accepté. Ça leur donne un côté « obstiné » parfois recherché.

L'écrivain : - Mais je ne suis plus un débutant. A mon âge, avoir déjà eu deux livres édités, c'est… Le prix Goncourt dans quelques années et l'Académie Française à 60 ans… et même le panthéon quand il faudra bien se séparer.

Le chanteur : - Tu irais vraiment à l'Académie Française ?

Elodie : - Et pourquoi il refuserait ?

Le chanteur : - Tu as toujours craché sur cette institution, ce truc du Moyen Âge.

L'écrivain : - Je la dénigrerai jusqu'au jour où mon nom circulera dans les couloirs. Comme toi tu critiques la Légion d'Honneur mais je suis certain que tu l'accepterais.

Le chanteur : - Euh… Pour faire plaisir à ma mère ! Mais ils ne m'ont même pas encore remis la médaille de la ville, alors que je suis le plus grand espoir de la chanson. Si j'étais footballeur, il aurait suffi que je marque un but en finale de la coupe de France. On devrait peut-être prendre notre carte.
L'écrivain : - C'est trop risqué, imagine qu'ils perdent les prochaines élections.
Le chanteur : - En tout cas, pas ici.
L'écrivain : - C'est trop dangereux la politique. Un artiste doit être neutre. Les causes humanitaires, défiler contre la guerre, OK, mais jamais trop marqué.
Le chanteur : - C'est vrai, tu as raison. C'est juste qu'au Conseil Général ils m'ont encore demandé si j'ai ma carte.
Elodie : - Allez, je vous laisse travailler. (*elle sort par la porte de la cuisine*)
Le chanteur : - Tu as vraiment une femme super ! Elle te soutiendra toujours.
L'écrivain : - Tu crois vraiment que Chantal va en avoir marre de travailler pour deux ?
Le chanteur : - Tu sais bien, elle prétend « C'est pas le problème » mais ce serait quoi le problème alors, qu'elle fait toujours la gueule ? Dans ce pays, avec les femmes, à part la tienne qui est une merveille, ça plante toujours à cause du fric. Pourtant elle gagne assez pour deux ! Elle devrait savoir qu'un artiste il lui faut du temps, des encouragements.
L'écrivain : - Chantal, je trouve pas qu'elle fasse toujours la gueule.
Le chanteur : - Tu vas bientôt être de son côté, croire que j'invente ! Elodie, jamais elle te fait un reproche. Alors que moi, ça y est, elle est repartie, elle veut un môme.
L'écrivain : - Y'a des femmes comme ça… Mais ça va durer quelques jours et ensuite elle te laissera tranquille

six mois. J'sais pas, tu n'as qu'à lui dire que ça tomberait juste à la sortie de ton prochain album, et ça c'est vraiment pas possible.
Le chanteur : - Elle en a marre ! Tu diras, parfois je la comprends ! Quand je me mets à sa place. Quand c'est pas l'album, c'est une tournée, quand c'est pas une tournée, c'est la déprime.
L'écrivain : - Depuis le temps, elle devrait avoir compris qu'un artiste ce n'est pas un comptable. Il faut en baver avant de cartonner.
Le chanteur : - Je me demande s'il va sortir un jour ce prochain album.
L'écrivain : - Pourtant le précédent s'est bien vendu.
Le chanteur : - Pas assez pour ces messieurs ! Ils ont même osé me dire, hier, qu'il serait temps que je me mette vraiment à internet. Alors qu'il y a un an, ils rigolaient tous des chanteurs et leur petit site ! Ils prétendaient même « *ça concurrence la vente des CDs* » !
L'écrivain : - Tu vois ! Ils disent un jour noir, un jour blanc, et nous on est là, au milieu. Parfois je me demande s'ils comprennent les artistes.
Le chanteur : - Finalement... Il faut être réaliste, savoir faire son autocritique !
L'écrivain : - A jeun !
Le chanteur : - Oui ! Je peux regarder la réalité en face même à jeun ! Je suis un super chanteur... T'es d'accord ?
L'écrivain : - Tu sais bien.
Le chanteur : - Je suis un super compositeur... T'es d'accord ?
L'écrivain : - On va encore en arriver à la conclusion qu'on vit une époque pourrie...
Le chanteur : - Attends ! Je suis un auteur nettement meilleur que la majorité des auteurs, mais ce qu'il me faudrait c'est un super parolier.

L'écrivain : - Ouais ! Bof ! Tu crois vraiment que dans une chanson, le texte c'est aussi important que tu sembles le croire ce soir ?
Le chanteur : - Si seulement Gainsbourg et Boris Vian vivaient encore.
L'écrivain : - Tu serais allé leur demander un texte ?
Le chanteur : - On se serait pris une de ces cuites ! Et ensuite j'aurais cartonné... Un jour il faudra qu'on travaille ensemble, que tu m'écrives des super paroles.
L'écrivain : - Tu sais bien qu'un écrivain n'écrit pas de chansons, c'est le travail des paroliers.
Le chanteur : - Y'a des exceptions.
L'écrivain : - Aucune exception. Si tu écris des bonnes chansons, tu es un mauvais romancier ou vice versa, ou même le plus souvent, les pitres écrivent des mauvaises chansons et des mauvais romans, certains ajoutent même du mauvais théâtre, de la mauvaise poésie...
Le chanteur : - Et Boris Vian ?!
L'écrivain : - De son vivant il n'a pas vendu trois cents exemplaires de ses romans. Tu sais bien ce que j'en pense de ses romans. Il est nettement surcoté, c'était un parolier, un bon parolier, je te l'accorde.
Le chanteur : - Alors tu serais le premier vrai romancier vrai parolier !
L'écrivain : - Tu t'es disputé avec l'ensemble des paroliers avec lesquels tu as essayé de travailler. Même les parolières.
Le chanteur : - Des cons ! Des connes ! J'allais pas partager la moitié des droits alors que j'écris nettement mieux qu'eux... Je t'ai pas encore raconté... Par internet justement, je croyais en avoir dégoté un, ce matin, un qui habite en plus à seulement cent bornes d'ici.
L'écrivain : - Et on n'en avait jamais entendu parler avant ?

Le chanteur : - C'est vrai que ça aurait dû me mettre la puce à l'orteil comme dit l'autre... Mais bon, il est connu en Afrique, il a obtenu une victoire de la musique là-bas. Je suis allé sur son site, auteurdechansons.net, je me suis dit, tiens, enfin un mec qui sait se présenter. J'ai vraiment flashé sur un de ses textes, j'avais même déjà une musique en tête, un truc bien déjanté, bien écolo... l'écologie ça peut être un bon créneau, tu ne crois pas ?
L'écrivain : - Je suis certain que tu te souviens, alors chante-moi ça !
Le chanteur : - J'ai perdu la musique, mais les paroles, attends, j'ai imprimé ça et ça doit traîner quelque part. (*il fouille ses poches et en sort une feuille pliée au moins en huit puis lit :*)

> *Puisqu'y'a pas d'raison*
> *Que tombe la sagesse sur les humains*
> *Puisqu'y'a pas d'raison*
> *Qu'on n'aille pas où l'on va tout droit*
> *Plantez donc dans vos jardins*
> *Plantez donc en mai sur vos balcons*
> *Des bananiers et des ananas*

Et le refrain :

> *Dans quelques décennies*
> *En plein cœur de Paris*
> *Les enfants des grands ânes*
> *Récolteront des bananes*
> *Durant quelques décennies*
> *Y'aura d'la joie sur les étals*
> *Dans l'hexagone tropical*

L'écrivain : - Du sous-Boris Vian !
Le chanteur : - C'est même pas le sujet ! Le type, il a rien compris au monde de la chanson. Boris, lui, au moins il a

travaillé avec les majors. Tandis que lui, on dirait qu'il cherche à se faire des ennemis.

L'écrivain : - Qu'est-ce qu'il t'a raconté ?

Le chanteur : - J'avais pas bien regardé son site avant de le contacter, j'avais lu que les gros titres, mais depuis j'y suis retourné. Saperlipopette ! Tu préfères savoir ce qu'on s'est dit au téléphone ou les âneries sur son site ?

L'écrivain : - Toujours respecter l'ordre chronologique !

Le chanteur : - Je lui envoie un mail, il me répond, me donne son numéro et vers midi, je l'appelle. Comme il est qu'à cent bornes, je lui propose de descendre ici et de se prendre une après-midi au bistrot.

L'écrivain : - Bon plan !

Le chanteur : - Et là, tu devineras jamais ce qu'il m'a répondu !

L'écrivain : - Seulement si tu payes le champagne.

Le chanteur : - Pire !

L'écrivain : - Plus cher que du champagne ! C'est un bourge ?

Le chanteur : - Le petit monsieur, il ne va jamais au bistrot, et tu ne devineras jamais pourquoi !

L'écrivain : - Unijambiste ou con. Quoique ça n'empêcherait même pas. J'en ai déjà vu.

Le chanteur : - Pire dans l'absurdité. Ecoute un peu ça : *« Je tiens à ma santé physique et psychique, je ne vais jamais dans ce genre d'endroit. Ni dans les restaurants, naturellement. Les produits industriels me sont déconseillés par mon cerveau. »*

L'écrivain : - C'est ta mémoire, qui m'a toujours épaté.

Le chanteur : - Un chanteur doit avoir une mémoire d'éléphant. Et il doit avoir vécu ce qu'il chante. Le vin est parfois bouchonné, le métro bondé, la jeunesse perverse, la drogue frelatée. Si tu n'as pas connu ces choses-là, tu peux pas les chanter. La vraie vie, c'est l'expérience.

L'écrivain : - Parfois, quand même, faut imaginer. Si tu parles des chercheurs d'or, tu n'en as pas rencontrés.
Le chanteur : - Non, ça se voit sur scène, quand tu parles d'un truc que tu connais pas ! Vaut mieux souvent revenir sur le même sujet que tu maîtrises bien, plutôt que de te la jouer « monsieur je sais tout. »
L'écrivain : - Alors arrête de parler d'amour !
Le chanteur : - Déconne pas, y'a des sujets sur lesquels on a dit « sérieux », t'imagines, si elle me larguait.
L'écrivain : - Pas possible, elle t'adore.
Le chanteur : - Mais elle pense trop. Un jour, ça va mal finir.
L'écrivain : - On devrait vivre à trois sur le salaire d'Elodie.
Le chanteur : - T'es vraiment un vrai pote. Mais ce serait pas suffisant. On s'en sortirait pas.
L'écrivain : - On va bien finir par cartonner un jour, on est les meilleurs.
Le chanteur : - Mais tu sais bien que j'ai besoin d'une femme avec qui je peux tout faire.
L'écrivain : - Un chanteur n'a aucune difficulté pour trouver une meuf. C'est pour ça que tous les p'tits jeunes veulent devenir chanteurs. Allez, plutôt que de te tracasser pour des trucs qui n'arriveront jamais, reviens à ton « auteur de chansons point net. »
Le chanteur : - Mais elle est jalouse en plus. Ça l'énerve parfois, mais merde, si je baise pas, comment tu veux que j'en parle, et c'est ça qui fait rêver les gens. Ou alors fallait pas habiter près de la fac ! Mon premier grand tube, c'est sûr, ce sera une histoire de mec adoré par les étudiantes.
L'écrivain : - Il faut lui expliquer que c'est une exigence professionnelle.
Le chanteur : - Alors, bon, l'auteur, je lui balance le père

Gouriot et ses *brèves de comptoir*, on n'est pas une journée sans en parler, de notre Jean-Marie. Je crois que je vais lui dédier mon prochain album. En plus, comme ça, il en parlera peut-être dans son prochain livre, t'imagines la pub !

L'écrivain : - Je suis certain qu'il ne connaissait pas !

Le chanteur : - Il a emprunté un bouquin à la bibliothèque ! Et il a osé me répondre : « *ça reflète bien la médiocrité, si tu l'as lu, ça ne peut que t'éloigner de ce genre d'endroit.* »

L'écrivain : - Il a rien compris. Y'a des gens comme ça, ils critiquent mais ils n'ont rien compris à l'art moderne.

Le chanteur : - Comme j'avais vu sur son site qu'il est allé aux rencontres d'Astaffort, je lui en parle.

L'écrivain : - Rien que pour ça, finalement, j'essayerais bien d'écrire des chansons… Mais tu sais que c'est mal vu pour un romancier, et ce serait dommage d'avoir mauvaise réputation.

Le chanteur : - De toute manière, être sélectionné, c'est trop difficile. Mais le mec, il a réussi à être retenu du premier coup !

L'écrivain : - Si c'est vrai, c'est qu'il a été pistonné.

Le chanteur : - Et tu sais ce qu'il ajoute ? « *Un attrape-nigauds, ce truc, complètement inutile. Enfin, utile si tu veux écrire un roman et une pièce de théâtre sur le show-biz à la française. Mais tu ne seras pas le premier, je l'ai déjà fait.* »

L'écrivain : - Parce qu'il écrit aussi des romans et du théâtre ! Tu vois ce que je te disais. La réalité confirme toujours mes théories.

Le chanteur : - Et sur son site, il n'hésite pas à les dégommer. En s'interrogeant sur le bien-fondé de subventionner de telles pseudo-formations !

L'écrivain : - Attends, ça me dit quelque chose ce genre

de discours, il s'appelle comment ton énergumène écrivaillon ?
Le chanteur : - Ternoise.
L'écrivain : - Mais oui ! C'est un dangereux révolutionnaire, au moins un maoïste ou un anarcho-syndicaliste. Un de ces intégristes de l'indépendance, de l'autoproduction, l'auto-édition, un marginal qui pense réussir en dénonçant l'autocensure des médias. Comme si les médias vont lui donner le bâton pour se faire cogner dessus !
Le chanteur : - Mais oui, au fait, ça me disait quelque chose. Autoproduction.info, c'est lui !
L'écrivain : - C'est sûr, quand on sait ce que l'on sait, ça se tient son raisonnement. Mais ces choses-là, ça ne rapporte rien de les écrire. D'ailleurs il est le seul à miser sur ce créneau. Il doit être complètement grillé partout. Il a aussi un webzine. Même moi j'y suis abonné, faut dire c'est gratuit !
Le chanteur : - Le webzine gratuit. Mais oui, j'y suis abonné aussi, je le lis pas, j'y suis juste abonné pour voir s'il parle de moi. On doit être nombreux dans ce cas, le nombre de ses abonnés grimpe chaque mois, le con !
L'écrivain : - Je me disais bien que son nom me disait quelque chose. Pour lui, le cinéma a simplement reproduit la dérive de la chanson. Mais pour le cinéma, si effectivement quelques chroniqueurs osent constater que notre production n'est plus qu'une industrie au service du petit écran...
Le chanteur : - On le sait tous, tout le monde l'a compris : à la télé, les réalisateurs ne sont plus là que pour remplir les tuyaux. Mais en attendant je serais bien content qu'ils me prennent une chanson de temps en temps... Et toi une nouvelle ! Il ferait mieux de vivre sur terre plutôt que je ne sais pas où.

L'écrivain : - Pour lui, les radios privées, en France, ont engendré le même phénomène. Depuis Mitterrand, l'industrie du disque déverse sa dose de banalités dans les tuyaux et les producteurs dits indépendants sont uniquement des petits industriels en quête d'une part du gâteau.
Le chanteur : - Alors tu lis ses conneries ! Il a rien compris à l'autoproduction, si on s'autoproduit c'est pour trouver une major ou au moins un indépendant, on ne va quand même pas les critiquer même si on le sait, rapaces et compagnie.
L'écrivain : - Il n'a pas tort, mais il va se faire dégommer. C'est un truc que seuls les historiens pourront raconter. C'est toujours mauvais d'avoir raison trop tôt. Ça tu peux me croire. Ce qu'il faut, c'est accompagner le mouvement, saisir ce qu'attend le grand public. Amélie Nothomb est vraiment une championne pour ça. Elle y sera à l'Académie française.
Le chanteur : - Y'a pas un journaliste sérieux qui osera parler de lui, il sait qu'il serait immédiatement privé de ses invitations dans les grands festivals. Déjà qu'ils n'osent même plus critiquer un chanteur quand il est d'une major, de peur que la major ne leur envoie plus de CD, plus d'invitations.
L'écrivain : - D'où l'utilité de signer avec une major.
Le chanteur : - Je signe des deux mains mais eux même pas d'un index ! Le con qui a osé me balancer que j'étais déjà trop vieux ! Ça je ne l'oublierai jamais ! Alors qu'on lui avait payé le restau !
L'écrivain : - C'est sûr qu'il fait rêver, quand il explique qu'on peut vivre de sa plume sans passer par les éditeurs institutionnels.
Le chanteur : - Mais si tu n'as pas d'éditeur, tu n'as pas de médias. Tout se tient.

L'écrivain : - Mais dans sa méthode, un écrivain vit de sa plume en vendant quelques milliers d'exemplaires, sans intermédiaire. Tu sais bien que sur un bouquin, l'écrivain touche des clopinettes, lui il garde tout.
Le chanteur : - Mais ça sert à quoi, d'en vivre, si personne ne le sait, si tu ne fais pas la une des journaux ?
L'écrivain : - C'est ça qui ne marche pas dans son système, il n'a pas compris qu'un artiste, s'il est vraiment un artiste, il veut passer à la télé en *prime time*, être à la une, être fêté, invité...
Le chanteur : - À la mairie, ils nous oublient souvent, tu as remarqué aussi.
L'écrivain : - Tu verras, le jour où on sera des stars, ils seront à nos pieds... On l'aura notre revanche. Ils ramperont pour un autographe !

Rideau

Acte 2

Même décor. Quelques jours plus tard. Elodie et Chantal dans le canapé.

Elodie : - Tu crois que c'est tenable, cette situation ?
Chantal : - Là, je te dis non, non, un jour je vais craquer... Mais quand je le vois sur scène... Ah ! Je fonds !... Et toi ? Tu crois que tu vas tenir ?
Elodie : - Pareil pour le début... Mais quand je lis ne serait-ce qu'un paragraphe... Je fonds...
Chantal : - Nous sommes des fans !
Elodie : - Ils ont de la chance !
Chantal : - Et si demain ils ont du succès, tu crois que nos couples résisteront ? Tu crois que leur tête enflera encore plus et qu'il nous sera impossible de les ramener sur terre ?
Elodie : - Demain je regarderai sur internet s'il y a une étude sur le sujet.
Chantal : - Y'a trop peu d'écrivains et de chanteurs qui vivent vraiment de leur métier pour que ça ait suscité une étude.
Elodie : - Y'a tellement d'universitaires, ils ne peuvent quand même pas tous étudier l'homosexualité dans l'œuvre de Marcel Proust.
Chantal : - C'est quand même agréable, de se retrouver là, toutes les deux, à papoter comme quand on avait dix-sept ans.
Elodie : - Finalement, au fond, je te l'avoue, Je n'y croyais pas trop quand on s'était juré, « on va se trouver des mecs copains et on se prendra un appart à quatre. » C'était trop beau !
Chantal : - Les rêves se réalisent parfois ! Malheureusement !

Elodie : - Malheureusement ?
Chantal : - Mais non, c'était pour rire, c'est une référence à je ne sais plus qui. Parfois j'oublie le nom des écrivains, c'est sûrement normal mais ça m'inquiète toujours.
Elodie : - Ah ! Deux princesses invitées une fois par an au restau... Et c'est ce soir !
Chantal : - Tu crois que ton homme a reçu une réponse positive d'un éditeur ?
Elodie : - Ou le tien a signé avec une major ?
Chantal : - Non, il n'aurait pas pu le cacher plus de cinq minutes ! Depuis le temps qu'il en rêve !... C'est vrai qu'il n'a pas eu de chance avec ses producteurs, tous des véreux qui s'empiffrent de subventions et ne font rien pour aider les chanteurs... C'est vrai qu'une major, ce serait la meilleure solution. Déjà avec les journalistes, ce serait plus facile. Les festivals aussi. Ou alors, tout simplement, ils ont réalisé que ça faisait plus d'un an qu'ils ne nous avaient pas invitées au restau !
Elodie : - T'es négative ! Ça fait du bien de penser « ils vont nous annoncer une bonne nouvelle. »
Chantal : - En plus, ils invitent et on paye. C'est quand même une drôle de situation.
Elodie : - Tu ne vas quand même pas nous faire une crise de féminisme !
Chantal : - Je te l'ai déjà expliqué, ça ne me gêne pas de partager mon salaire. De toute manière, je gagne beaucoup trop pour ce que je fais !
Elodie : - Qu'est-ce que tu racontes ?
Chantal : - Je m'en rends de plus en plus compte. Dans certains pays, des gens font des boulots vraiment utiles et vivotent à peine avec leur salaire, tandis que moi je me contente de donner des avis sur des dossiers, même quand je n'en ai pas ! Et je gagne peut-être deux cents fois plus.

Elodie : - Tu ne vas pas refaire le monde ! On le sait qu'il y a des injustices.
Chantal : - Savoir n'est pas une excuse.
Elodie : - Ce sont les chanteurs, les écrivains, qui par leurs œuvres rendent le monde un peu moins cruel, un peu moins injuste, un peu plus beau.
Chantal : - Mais ils ne pensent pas ce qu'ils écrivent. Tu vois, maintenant qu'on côtoie des tas de chanteurs, des tas d'écrivains, c'est ce qui me choque le plus : ils ne vivent pas comme ils écrivent. Ils dénoncent le capitalisme, la mondialisation, mais ne pensent qu'à réussir, gagner un maximum de fric, descendre dans les palaces.
Elodie : - C'est normal ! Un artiste qui ne réussit pas, personne ne l'entend. Il faut réussir pour pouvoir dénoncer le système. Si tu es un marginal tu n'intéresses que les marginaux, tu ne passes jamais à la télé. Et la télévision, c'est la seule vraie audience.
Chantal : - Alors qu'ils aient l'honnêteté d'applaudir les grands patrons quand ils s'attribuent une tonne de stock-options.
Elodie : - Ça n'a rien à voir.
Chantal : - Mais si, il faut être crédible, d'abord appliquer ses belles idées à sa propre vie.
Elodie : - Tu es drôle parfois. On dirait parfois que tu n'es pas de notre époque. Tu n'as peut-être pas remarqué mais avoir de bonnes idées, écrire des chefs-d'œuvre, ça ne suffit pas, il faut se bouger pour le faire savoir. Un quart de talent, trois quarts de sueur. Si tu restes dans ton coin, personne ne viendra te chercher.
Chantal : - Elodie s'est donc ralliée au principe de réalité de la société occidentale !
Elodie : - Bin oui, je n'ai plus dix-sept ans, si c'est ce que tu insinues.

Chantal : - En tout cas, j'espère qu'ils ne vont pas nous refaire le coup de l'année dernière.
Elodie : - C'est vrai que tu avais cassé l'ambiance en faisant la gueule. Moi j'avais trouvé ça plutôt sympa.
Chantal : - Tu parles, notre fête annuelle, intime et calme, transformée en dîner de séduction pour deux gros cons peut-être même pas producteurs ni éditeurs.
Elodie : - Là tu exagères. Ils avaient des cartes.
Chantal : - Et tu crois les mecs qui présentent leur carte pour se faire payer le restaurant !
Elodie : - Sur le moment, j'ai vraiment cru que ce serait utile.
Chantal : - Tu parles ! C'était clair comme un feu rouge : il en existe des centaines, des mecs comme ça, qui vivent aux crochets des naïfs comme nos hommes et toi !
Elodie : - Sois pas cynique.
Chantal : - Parce que tu y as cru, franchement, toi, qu'en invitant le petit salarié d'un éditeur, peut-être même le laveur de carreaux, le lendemain il allait signer, ton homme ?
Elodie : - Les bonnes relations, tu dois le savoir, c'est utile. Moi aussi, je voudrais bien que le monde soit autrement mais tu sais que partout c'est copinage et magouilles. Tu sais, il t'en a voulu, ton homme, d'avoir fait la gueule. Va pas le répéter, mais il m'a dit, un an plus tard, je peux te raconter, y'a prescription, il m'a dit que c'est peut-être parce que tu as fait la gueule, qu'il n'a pas signé.
Chantal : - Le con ! Et il n'a même pas eu le courage de me le balancer en face !
Elodie : - Je ne t'ai rien dit. Et je suis même certaine qu'il ne s'en souvient même plus ! C'était sous le coup de la colère. Tu sais bien comme c'est important pour lui aussi de signer.

Chantal : - Tu vois, parfois, j'en ai marre de tout ça. Je rêvais d'une vie tranquille, paisible. Moi, au boulot, quand on me donne un dossier, je m'en fous de qui l'a écrit, l'important, c'est ce qu'il contient.
Elodie : - Mais tu sais bien que les producteurs et les éditeurs sont tellement sollicités, qu'ils prêteront d'abord attention au dossier du type sympa.
Chantal : - Les producteurs comme les éditeurs seront les premiers à se déclarer intègres et tout, honnêtes et droits. Finalement, je préfère encore mon milieu de petits bureaucrates que le show-biz. Tu vois, ça, à dix-sept ans, je ne l'aurais jamais cru ! J'avais une vision idéale des artistes. Les bureaucrates au moins ne cachent pas leur échec derrière des belles paroles.
Elodie : - Ça me rassure, toi aussi tu vieillis !
Chantal : - Mais je ne me vois pas continuer comme ça encore des années, il va falloir que je prenne une décision…
Elodie : - Toutes les copines du temps de la fac, elles échangeraient bien leur place contre la nôtre !
Chantal : - Ce n'est peut-être pas le critère, ce que les autres pensent de notre bonheur !
Elodie : - Tu n'es pas heureuse ?
Chantal : - Si on part sur ce sujet, je crois qu'on ne s'en sortira pas. Je t'ai déjà expliqué.

« Le chanteur » et « l'écrivain » entrent, euphoriques.

Le chanteur : - Super les filles, ce soir, à notre table, on aura le plus grand journaliste de la région !
L'écrivain : - Mathieu, le grand Mathieu, en chair et en os !
Chantal : - Surtout en alcool et en bouffe consommés sur

le dos des naïfs comme vous ! Comme ça recommence, vous vous la ferez à quatre votre grande fête intime !

Le chanteur : - Attends, y'a aussi Manu, du Conseil Régional, avec lui dans ma poche, c'est sûr, la subvention, je vais l'avoir.

Chantal, *prend une veste et sort* : - Alors vous serez cinq, tchao.

Le chanteur : - Vous inquiétez pas, elle va revenir, puisque c'est son tour de payer !

Rideau

Acte 3

Une quinzaine d'années plus tard. Dans le même salon. Peu de changements. Elodie et Chantal assises.

Elodie : - C'étaient... Nos plus belles années, tu ne crois pas, quand on vivait à quatre ici ?... Tu ne crois pas que nos plus belles années, nous les avons vécues sur ce vieux canapé ?... Je crois que je vais le garder à vie.

Chantal : - Nous étions jeunes... Simplement !

Elodie : - On y croyait, ils y croyaient.

Chantal : - Nous étions à l'âge de l'ignorance.

Elodie : - Qu'est-ce que tu racontes ?

Chantal : - L'âge de l'ignorance, la jeunesse, 20 ans, 25 ans, et même 30, et nous pensions tout savoir, nous pensions tout pouvoir, et surtout on les croyait, les pantins, qui prétendaient nous montrer le bon chemin.

Elodie : - Ça va, toi ?

Chantal : - On ignore que rapidement l'avenir espéré devient du présent banal et le présent passe encore plus vite au passé. Et si on a tout vécu dans l'insouciance, le passé est un poids, un poids de remords et de regrets. Tu sais ça, maintenant, toi ?

Elodie : - T'intellectualises décidément trop. Il faut vivre ma vieille ! C'est l'éternel fossé entre les gens qui vivent vraiment et ceux qui pensent, qui pensent. Il faut choisir !

Chantal : - Oui, quand on croit que penser s'oppose à vivre.

Elodie : - Sois cool. T'étais plus cool avant.

Chantal : - C'est avant que ça n'allait pas, quand j'avançais comme une ânesse !

Elodie : - Oh là, là... Il s'est passé quelque chose... Tu as un amant ?

Chantal : - Ça va sûrement te surprendre, mais à force de les étudier, je commence à vraiment comprendre les philosophes.
Elodie : - Ah ! C'est ça ! Je me disais bien que tu avais changé.
Chantal : - Mon couple aura été mon plus grand échec.
Elodie : - Ne dis pas cela... Vous êtes heureux...
Chantal : - Finalement, on ne s'est jamais aimés !
Elodie : - Oh !
Chantal : - J'adorais son image, le rêve de midinette devant le chanteur. L'admiration n'est pas un sentiment honnête. Et pour lui, j'ai toujours été sa stabilité, la femme qui l'empêchait d'aller trop loin dans les conneries et en plus avec un bon salaire.
Elodie : - Tu es allée voir un psy ?
Chantal : - C'est avant qu'un psy m'aurait été utile. Mais il est trop tard, j'ai gâché par ignorance les années où une femme peut avoir un enfant.
Elodie : - Y'a des cas de mères à 60 ans.
Chantal : - Pas un premier enfant.
Elodie : - Mais on était pourtant sur la même longueur d'onde, à quatre : il serait fou de donner la vie dans un monde pareil.
Chantal : - Faut bien, à l'extérieur, prendre un masque pour ne pas pleurer, parfois... Quand chez toi tu entends toujours : l'année prochaine si je trouve un producteur... L'année prochaine si la tournée se passe bien... L'année prochaine si, si, si... Et moi, pauvre cloche... Mais au fond, je ne l'aimais pas, donc ne pas avoir d'enfant de lui ne me traumatisait pas... Et je me suis réveillée à mon âge... Tu te rends compte... Nous sommes dans la quarantaine... Je vais partir...
Elodie : - Partir !
Chantal : - Oui, le quitter.

Elodie : - Pourquoi tu dis des bêtises ? Tu as rencontré un mec mieux ?
Chantal : - Partir. Simplement partir. Oser le mot fin. Fin. F.I.N. Et après, tout redeviendra possible. On rencontre parfois son âme sœur à notre âge. Ce n'est pas certain que ce sera mon cas mais qu'au moins je ne perde plus mon temps. Le pire serait de continuer en pensant que de toute manière l'essentiel est perdu, en pensant que l'harmonie, ce n'est pas pour moi. Tu comprends ?
Elodie : - Ça va lui faire un sacré coup !... Et tu crois que c'est bien le moment ? Ils ont mis tellement d'années pour se décider avant d'écrire un album ensemble, nos hommes, ça va foutre en l'air l'enregistrement...
Chantal, *se lève en colère* : - Mais je m'en fous ! Tu n'as rien compris, il s'agit de ma vie ! Vingt années de ma vie sont passées à la trappe, et il faudrait encore que je lui accorde quelques mois pour finir l'enregistrement d'un album que de toute manière je n'écouterai jamais ! Vingt années ! Quatorze plus six !
Elodie : - Je voulais dire... Tu as vraiment bien réfléchi ?
Chantal : - Je ne me souviens même plus de la première fois où nous nous sommes exclamées « je ne tiendrai plus longtemps. »
Elodie : - C'était pour rire. Pour dire de parler.
Chantal : - Eh bien pas moi. J'ai été vingt ans à croire aux balivernes artistiques ! A me forcer d'y croire. Mais ouvre les yeux, toi aussi ! L'art, ça n'a rien à voir avec tout ça ! Ce qu'ils souhaitent c'est le succès !
Elodie : - C'est normal, si tu n'as pas de succès, ça ne sert à rien d'écrire ou chanter !
Chantal : - Et tu vas encore rester là vingt ans, toi, à espérer qu'un éditeur remarque ton homme, qu'une magouille lui permette d'obtenir le prix Goncourt ?

Elodie : - Mais qu'est-ce que tu as ?... On ne parlait pas de moi !

Chantal : - Comme tu ne comprends rien à ce que je te raconte quand je te parle de moi, tu comprendras peut-être mieux si je transpose à ton cas ! Nous sommes tombées dans le même piège !

Elodie : - Mais arrête, tu veux foutre mon couple en l'air ? Moi je le soutiens mon homme, et je le soutiendrai toujours ! Je ne change pas, moi ! Ce n'est pas de sa faute si l'époque est complètement pourrie, si aucun des éditeurs n'a tenu ses promesses, si les éditeurs préfèrent publier les confidences des stars plutôt que de s'intéresser aux véritables talents. C'est pas de sa faute si les metteurs en scène ne tiennent pas leurs promesses, préfèrent monter Molière alors que sa pièce est géniale. Moi je crois en son talent, c'est dit !

Chantal : - Et tu y crois encore, au véritable chanteur, au véritable écrivain ? Ils n'ont pensé durant vingt ans qu'à une chose : trouver un producteur et trouver un éditeur ! C'est ce qu'attendent les producteurs, c'est ce qu'attendent les éditeurs, tu l'as entendue combien de fois cette phrase !

Elodie : - Tu ne me feras pas douter. Tu veux en venir où ?

Chantal : - Ils se sont fait avoir ! Ils ont cru les promesses des industriels qui vivent sur le dos de l'art et nous, pauvres cloches, petites fans aveuglées par les paillettes, nous avons tout gobé, nous y avons cru à leurs promesses d'artistes « différents. » Ils doivent être des milliers comme eux, à envoyer leurs manuscrits, leurs maquettes, et à se répéter « ça correspond exactement à ce qu'ils attendent. »

Elodie : - Mais l'époque est comme ça !

Chantal : - Mais non ! Les seuls créateurs qui resteront,

ce seront ceux qui n'auront pas écouté les pantins et auront avancé, auront créé une œuvre.

Elodie : - Quand je vois qui a eu le prix Goncourt, ça me dégoûte !

Chantal : - Mais le prix Goncourt, les victoires de la musique, ça n'a rien à voir avec l'art, c'est simplement de l'agitation d'industriels, un moyen de vendre quelques produits, en persuadant le consommateur qu'il doit absolument acheter, parce que c'est gé-ni-al !

Elodie : - Tu veux me démoraliser ?

Chantal : - Juste t'ouvrir les yeux !

Elodie : - De toute manière tu fais fausse route, même si tu avais raison avec ton homme, tu le connais mieux que moi, tu ne peux pas comparer un chanteur et un écrivain. Un écrivain, à cinquante ans, c'est encore un jeune auteur. Moi j'y crois… Regarde Julien Green, à plus de 90 ans, il a écrit ses plus beaux livres…

Chantal : - Mais il était dans une démarche d'écrivain, de créateur ! Et puis tant pis ! Je suis venue te dire adieu !

Elodie : - Adieu ! Ne me dis pas que tu vas faire une connerie !

Chantal : - Ce matin j'ai vendu ma voiture.

Elodie : - Oh !

Chantal : - Je me suis aussi entendue avec mon patron, on s'est séparés sans bruits ni heurts, il a très bien compris, lui.

Elodie : - Oh !

Chantal : - Le reste je le laisse dans l'appart, il en fera ce qu'il voudra.

Elodie : - Non !

Chantal : - Je vais prendre un billet de train, et ce soir j'arriverai dans une ville où je n'ai jamais mis les pieds. Je suis enfin libre !

Elodie : - Tu ne peux pas partir comme ça !

Chantal : - Peut-être n'y resterai-je pas, peut-être irai-je ailleurs. Enfin libre, tu comprends ?
Elodie : - Mais le travail, tu vas vivre comment sans travailler ?
Chantal : - Tu le sais bien : je peux vivre facilement un an sans travailler ; et dans une autre ville, je retrouverai toujours du boulot. Il sera peut-être moins bien payé mais ça n'a aucune importance. L'important, c'est de ne plus se laisser dévorer.
Elodie : - Tu as vraiment changé, je ne te reconnais plus.
Chantal : - Il est peut-être trop tard pour certaines choses mais pas pour toutes. Ce serait pire de continuer. De laisser la vie nous engloutir, tout ça parce qu'à 20 ans nous avons laissé le vent nous emporter.
Elodie : - Si je comprends bien tu me charges d'annoncer la nouvelle.
Chantal : - Je lui ai laissé une lettre.
Elodie : - Mais il va disjoncter ! Tu aurais au moins pu lui avouer droit dans les yeux. Après tout ce que vous avez vécu !
Chantal : - Nous n'avons rien vécu ! Nous avons fermé les yeux pour nous laisser vivre.
Elodie : - Tu joues encore sur les mots.
Chantal : - J'étais venue pour te parler de toi... T'ouvrir les yeux !
Elodie : - Mais tu es folle !
Chantal : - Je suis certaine que ton patron ne posera aucun problème pour rompre ton contrat. Et toi aussi, tu as des économies. C'est notre seul secret, finalement, ces petites économies. Il est venu le temps de s'en servir !
Elodie : - Mais tu es folle ! Je m'en fous des économies ! Je comprends maintenant : tu avais préparé ton coup ! Tu nous abandonnes parce que tu ne crois plus en nous.

Chantal : - Ne te cache pas la réalité, nous avons échoué. Vingt années vides.
Elodie : - L'argent ! L'argent ! C'est ça ! D'ailleurs, s'ils ne trouvent pas de producteur pour leur album, je le dépenserai. Ça leur fera une super surprise. Moi je souhaite vraiment que leur album existe.
Chantal, *se lève* : - Alors adieu.

Chantal sort sans se retourner. Elle croise l'écrivain juste à la porte. Il arrive tout sourire.

L'écrivain : - Bonjour Chantal (*il la regarde sortir*).

Elodie : - Elle est partie !
L'écrivain : - Qu'est-ce qu'il lui prend aujourd'hui, on dirait qu'elle ne m'a pas vu !
Elodie : - Comme toujours elle ne voit qu'elle.
L'écrivain : - Raconte !
Elodie : - Finalement, tu as toujours eu raison, on ne peut pas compter sur elle !... Elle quitte son homme !
L'écrivain : - C'est pas vrai !
Elodie : - Sur le moment ça va lui faire un choc... Mais ça tombe bien finalement... Séverine a enfin viré son chômeur ! C'était la semaine ! Il suffit d'organiser une petite fête samedi et tout rentrera dans l'ordre. Et bien fait pour elle, elle ne sera pas là pour notre triomphe.
L'écrivain : - Attends, j'ai bien compris, elle le quitte pour de vrai ? C'est pas encore une de ses comédies ?
Elodie : - Maintenant elle philosophe ! Tu as raison, sa vie n'est qu'une comédie. Mais on tourne la page. Et tu vas voir, c'est elle qui nous portait la poisse.

Rideau

Stéphane Ternoise est né en 1968. Il publie depuis 1991. Il est depuis son premier livre éditeur indépendant.

Ses 15 premiers livres sont disponibles en papier dos carré collé "tirage grande quantité" (maximum 2500) :

***La Révolution Numérique, le roman le combat, les photos*, 2013**

Théâtre pour femmes, 2010

Ils ne sont pas intervenus (le livre des conséquences), roman, 2009

Théâtre peut-être complet, théâtre, 2008

Global 2006, romans, théâtre, 2007

Chansons trop éloignées des normes industrielles et autres Ternoise-non-autorisé, 2006

Théâtre de Ternoise et autres textes déterminés, 2005

La Faute à Souchon ?, roman, 2004

Amour - État du sentiment et perspectives, essai, 2003

Vive le Sud ! (Et la chanson... Et l'Amour...), théâtre, 2002

Chansons d'avant l'an 2000, 120 textes, 1999

Liberté, j'ignorais tant de Toi, roman, 1998

Assedic Blues, Bureaucrate ou Quelques centaines de francs par mois, essai, 1997

Arthur et Autres Aventures, nouvelles, 1992

Éternelle Tendresse, poésie, 1991

Stéphane Ternoise... un peu plus d'informations

Né en 1968

http://www.ecrivain.pro essaye d'être complet, avec un "blog" (je préfère l'expression "une partie des chroniques"). Mais il ne peut naturellement pas copier coller l'ensemble des textes présentés ailleurs.

http://www.romancier.net

http://www.dramaturge.net

http://www.essayiste.net

http://www.lotois.fr

Les noms de ces sites me semblent explicites...
Le graphisme reste rudimentaire. Tant de choses à faire...

http://www.salondulivre.net le prix littéraire a lancé sa onzième édition. Une réussite d'indépendance. Mais peu visible...

L'ensemble des livres numériques ont vocation à devenir disponibles en papier et réciproquement. Il convient donc de parler de livre au sens fondamental du terme : le contenu, l'œuvre. En juillet 2013, le catalogue numérique de Stéphane Ternoise dépasse la barre naguère inimaginable de la centaine. Il est constitué de romans, pièces de théâtre, essais mais également de photos, qu'elles soient d'art (notion vague) ou documentaires (présentation de lieux, Cahors, Cajarc, Montcuq, Beauregard, Golfech...), publications pour lesquelles l'investissement en papier est impossible, sauf à recourir à l'impression à la demande.

Tous droits de traduction, de reproduction, d'utilisation, d'interprétation et d'adaptation réservés pour tous pays, pour toutes planètes, pour tous univers.

Site officiel : http://www.ecrivain.pro

Présentation des livres essentiels :
http://www.utopie.pro

**Vous souhaitez jouer cette pièce ?
Demande d'autorisation :** http://www.ternoise.fr

Dépôt légal à la publication au format ebook.

Imprimé par CreateSpace, An Amazon.com Company pour le compte de l'auteur-éditeur indépendant.

**ISBN 9782365414517
EAN 978-2-36541-451-7**

**Chanteur, écrivain : même cirque
(théâtre deux femmes deux hommes)** de Stéphane Ternoise
© Jean-Luc PETIT - BP 17 - 46800 Montcuq - France
17 octobre 2013

www.ingramcontent.com/pod-product-compliance
Lightning Source LLC
Chambersburg PA
CBHW061311040426
42444CB00010B/2590